Frauke Rüffel

KOLLEGIN,
WIR FEIERN DICH

Bibliografische Information der Deutschen Nationalbibliothek:
Die Deutsche Nationalbibliothek verzeichnet diese Publikation in der Deutschen
Nationalbibliografie; detaillierte bibliografische Daten sind im Internet über
http://dnb.dnb.de abrufbar.

Herstellung und Verlag: BoD – Books on Demand, Norderstedt

ISBN: 9783751952798

Liebe ....,

wir feiern dich dafür,

dass du unsere Kollegin bist.

Du verstehst Spaß und lachst gern.

Darum schenken wir dir

dieses lustige Büchlein

mit unseren persönlichen Botschaften.

VIEL SPASS!

....

Wir feiern dich

☐ von Herzen

☐ zu Ehren deines Jubiläums

☐ anlässlich deiner Beförderung

☐ aufgrund spontaner Gefühlsausbrüche

☐ als Zeichen inniger Verbundenheit

☐ ....

☐ ohne besonderen Anlass

Wir feiern dich, denn du bist

☐ unsere Lieblingskollegin

☐ eine Arbeitsbiene

☐ eine Wächterin der Arbeitsmoral

☐ die Chefin unseres Herzens

☐ die Sekretärin unserer Träume

☐ die Kollegin unseres Vertrauens

☐ eine der attraktivsten Kolleginnen
   im Unternehmen

Und du bist eine charmante

☐ Chefin ohne Cheftitel

☐ ....

☐ Arbeitsschutzfanatikerin

☐ Büro-Mama

☐ Küchenfee

☐ Alltagsbegleiterin

☐ Kundenbefriedigerin

Zögen alle am gleichen Strang,

würde die Welt kentern.

(aus Israel)

Anatomie einer Kollegin

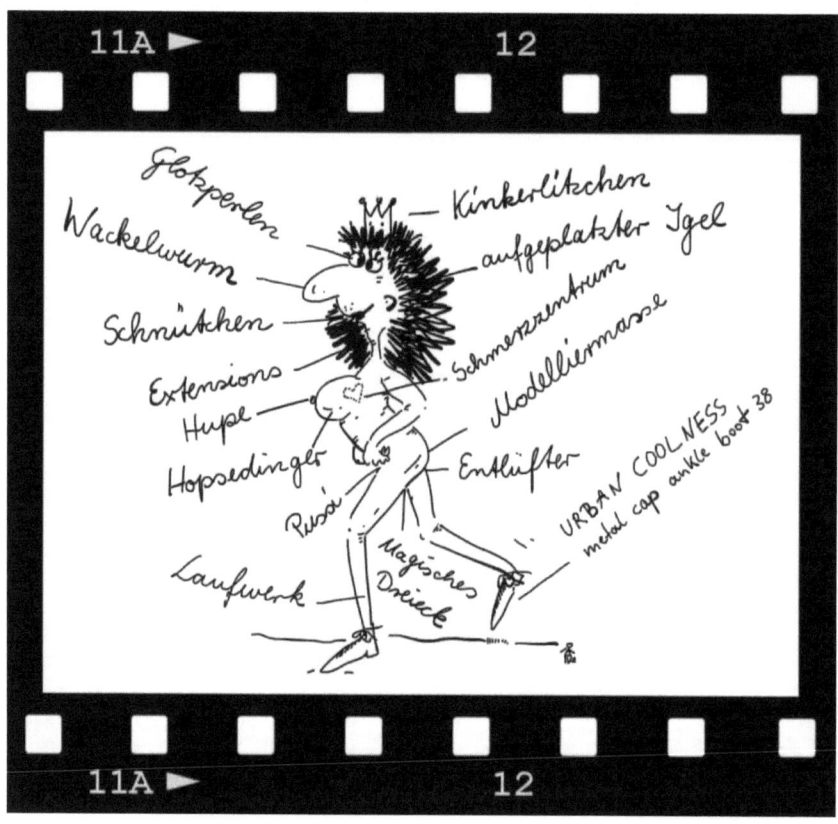

Wir feiern dich, denn in unserer Berufsbranche giltst du als außergewöhnliche

☐ Heilkundige

☐ Quasselstrippe

☐ Zahlenjongleurin

☐ Handwerksfrau

☐ ....

☐ Kunstschöpferin

☐ Kundenflüstererin

Ein Kollegin ist eine,
die ohne jede Eignung
unerklärlicher Weise dasselbe macht,
wie man selbst.

Unbekannt

Die Sport-Kollegin

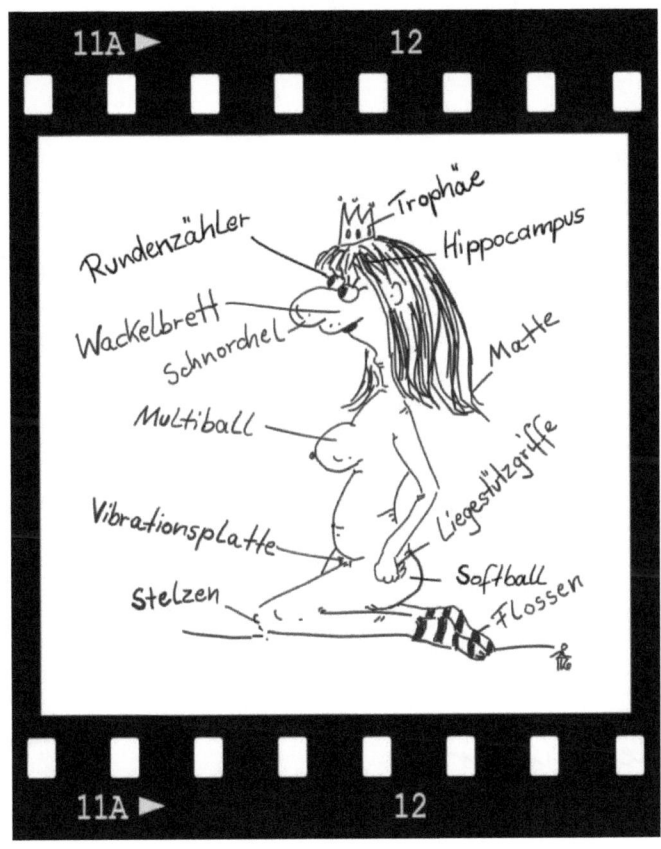

Du genießt einen exzellenten Ruf als

☐ Gesetzeshüterin

☐ Beraterin

☐ Marketingexpertin

☐ ....

☐ Retterin der Bedürftigen

☐ Hüterin des QM-Systems

☐ Modedesignerin

Wir arbeiten alle Hand in Hand.
Was die eine nicht schafft, lässt die andere
liegen.

Unbekannt

Wir feiern dich, denn du bist eine erfolgreiche

☐ Auftragsbeschafferin

☐ Kopfgärtnerin

☐ Frittenschnitzerin

☐ Ackerdesignerin

☐ 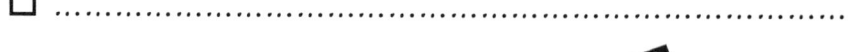 ....

☐ Kinderdompteurin

☐ Glückstherapeutin

Und du bist eine beliebte

☐ Brötchen-Ingenieurin

☐ Autodoktorin

☐ Pinselschwingerin

☐ PC-Zauberin

☐ Zahnklempnerin

☐ ....

☐ Geldverteilerin

Wir nehmen immer nur die Beste,
egal wie gut sie ist.

Unbekannt

Wir feiern dich, denn du bist eine zuverlässige

☐ Umsatzrakete

☐ Alleskönnerin

☐ Quacksalberin

☐ Faktenspuckerin

☐ Konfliktlöserin

☐ Pixelkriegerin

☐ ....

Was wir brauchen,
sind ein paar verrückte Leute,
seht euch an,
wohin uns die Normalen
gebracht haben.

George Bernard Shaw
(1856 –1950)
Dramatiker, Politiker, Musikkritiker, Publizist

Wir feiern dich, denn du bist eine erfahrene

☐ Kollegin mit Herz und Verstand

☐ Drehstuhlpilotin

☐ Meisterin der Planung

☐ Bürotouristin

☐ Handeltreibende

☐ Kopier-Hummel

☐ ....

☐ Gastgeberin der Schwafelrunde

Die Arbeit ist etwas Unnatürliches.
Die Faulheit allein ist göttlich.

Anatole France

(1844 – 1924)

Französischer Schriftsteller

Und du bist eine attraktive

☐ Werkstattlady

☐ Märchenprinzessin

☐ ....

☐ Klinkenputzerin

☐ Genussoptimiererin

☐ Umsatzbeschleunigerin

☐ Tastenvirtuosin

Eine zufriedene Angestellte?
In den meisten Fällen ist sie ein ganz normales
faules Stück!

Frei nach Pavel Kosorin
(*1964)
Tschechischer Schriftsteller und Aphoristiker

Wir feiern dich, denn du bist eine ausgebuffte

☐ Kundenabwehrspezialistin

☐ Haben-wir-nicht-Expertin

☐ Weißkittelträgerin

☐ ....

☐ Liebhaberin der Öffentlichkeitsarbeit

☐ Entwicklerin von
   Kommunikationsstrukturen

☐ Jeanne d'Arc des Arbeitsrechts

Und du bist eine

☐ Drogendealerin (für ....)

☐ überqualifizierte Mitarbeiterin

☐ unerschütterliche Optimistin

☐ Kollegenmüll-Sammlerin

☐ ....

Wenn du immer alle Regeln befolgst,
verpasst du den ganzen Spaß.

Katharine Hepburn
(1907 – 2003)
US-amerikanische Schauspielerin

Wir feiern dich,
denn du bist eine wundervolle

☐ Experience Designerin

☐ Masterin of Disaster

☐ Businesswoman of the Year

☐ Miss Marpel

☐ Food Stylistin

☐ Monteurin de la Visage

☐ ....

TIPP

„BALLERBRÜHE" für deine Arbeitspause

Persönlichkeiten werden nicht durch schöne
Reden geformt,
sondern durch Arbeit und eigene Leistung.

Albert Einstein
(1979 – 1955)
Physiker

Und wir feiern dich für

- ☐ deine schöne Idee, aus uns Freunde zu machen
- ☐ deine außergewöhnlichen Strategien zur Problemlösung
- ☐ deine Innovationen am Arbeitsplatz

- ☐ ....

- ☐ dein Stillschweigen über unsere dunklen Arbeitsgeheimnisse
- ☐ dein Temperament in den Pausen

TIPP

Wenn du dich manchmal
dumm und nutzlos fühlst,
dann schaue kurz zu
den anderen Kolleginnen rüber und
dann geht's wieder.

Redensart

Wir feiern dich für

☐ .... Jahre an unserer Seite

☐ die Möglichkeit, in deinem Schatten
arbeiten zu dürfen

☐ deine Wertschätzung unserer Arbeit

☐ ....

☐ dein unermüdliches Schuften in
unserem Team

☐ deine Treue zum Unternehmen

☐ deine legendären Back- und Kochkünste

Kollegen und Kolleginnen sind die einzigen
Lebensabschnittspartner, mit denen wir uns im
Allgemeinen nicht paaren, obwohl wir mit
ihnen die meiste Zeit zusammen verbringen.

Manfred Poisel
(*1944)
Deutscher Werbetexter

Ich bin manchmal meine langsamste Mitarbeiterin.

Frei nach Michael Marie Jung
(*1940)
Deutscher Hochschullehrer und
Führungskräftetrainer

Wir feiern dich besonders für

- [ ] deine Vorschläge zur Verbesserung des Zeitmanagements
- [ ] deine Inspirationen zur Arbeitszeitgestaltung
- [ ] deine Vorschläge zur Steigerung des Umsatzes
- [ ] die gemeinsamen Dienstreiseabenteuer

- [ ] ....

- [ ] deine virtuelle Führung im Unternehmen

In vielen Berufen sind die Kollegen
die wirklichen Verwandten,
sie fühlen sich untereinander
weit mehr zu Hause als an dem Ort,
den sie ihr Heim nennen,
wo sie schlafen, essen
und einen öden Sonntag verbringen.

Prentice Mulford
(1834 – 1891)
US-amerikanischer Journalist, Erzieher, Goldgräber und
Warenhausbesitzer

Wir feiern dich exzessiv für

- ☐ deine Bereitschaft, uns an deiner Berufserfahrung teilhaben zu lassen
- ☐ die konsequente Einhaltung der Arbeitsschutzbestimmungen
- ☐ deinen außergewöhnlichen Leitungsstil

- ☐ dein jahrelanges Vertrauen in unsere Unfähigkeit
- ☐ deinen Gerechtigkeitssinn

- ☐ ....

Wer nach allen Seiten immer nur lächelt,
bekommt nichts als Falten im Gesicht.

Aleksej Andreevic Arakceev

(1769 – 1834)

Russischer General und Staatsmann

Die Heldinnen der Dienstleistung sind
die Crème de la Crème eines Unternehmens.

Frei nach Mike Fischer

(*1963)

Unternehmer, Redner und Ideenfabrikant

Eine Mitarbeiterin ist eine, für die ich mitarbeite.

Frei nach Gerhard Uhlenbruck

(*1929)

Deutscher Immunbiologe und Aphoristiker

Und wir feiern dich

☐ trotz der sinkenden Mitarbeiterzahlen

☐ in Erwartung eines edlen Tropfens

☐ ohne Hintergedanken

☐ ....

Seltsam, dass Leute,

die zusammen leiden,

stärkere Beziehungen haben,

als die Leute,

die sehr zufrieden sind.

Bob Dylan

*1941

US-amerikanischer Musiker und Lyriker

Wir feiern dich, denn du bist äußerst selten

☐ eine Fußatmerin

☐ eine E-Mail-Exorzistin

☐ eine Energie-Vampirin

☐ ein Chefzäpfchen

☐ eine Clownfrühstückerin

☐ ein Zornröschen

☐ ....

So manches Büro ähnelt einem Militärflugplatz:
Da finden sich Senkrechtstarter,
geistige Tiefflieger,
Abfangjäger und Sturzkampfbomber.
Ganz zu schweigen von den Bruchpiloten.

Unbekannt

Wir feiern dich, denn du bist <u>keine</u>

☐ Kreuzschlitzschraubenzieherhexe

☐ E-Mail-Spionin

☐ Dienstreisen-Alkoholikerin

☐ ....

☐ Gleitzeitökonomin

☐ Insolvenzbeschleunigerin

☐ Dünnbrettbohrerin

Du bist auch <u>keine</u>

☐ Betriebsflaneurin

☐ Maschinentussi

☐ zerbrechliche Ming-Vase

☐ Eckensteherin

☐ Leisetreterin

☐ ....

☐ Helikopter-Chefin

Wenige Mitarbeiterinnen sorgen dafür,

dass etwas geschieht,

viele Mitarbeiterinnen sorgen dafür,

dass nichts geschieht,

viele Mitarbeiterinnen sehen zu,

wie etwas geschieht,

und die überwältigende Mehrheit

hat keine Ahnung,

was überhaupt geschehen ist.

Verfasser unbekannt

Wir feiern dich, denn du bist keinesfalls

- ☐ eine Ameisentätowiererin

- ☐ eine Kleingeldterroristin

- ☐ ....

- ☐ eine Bonsai-Strategin

- ☐ eine Pixelschubserin

- ☐ eine Kontaktallergikerin

- ☐ eine Aktenfräse

Und du bist keineswegs

☐ eine Halbhirn-Expertin

☐ eine Intelligenzamöbe

☐ eine Schleimscheißerin

☐ ....

☐ eine Alleinunterhalterin

☐ eine Budgetbremse

☐ eine Plapperschlange

Du bist niemals

- ☐ eine Zankwartin

- ☐ eine Zweckwachtel

- ☐ eine Stuhlkreissitzerin

- ☐ eine Nörgelbaronin

- ☐ eine Kaffeeschlürferin

- ☐ eine Laborratte

- ☐ ....

Es gibt für jede Situation
eine gute Lösung,
wenn gute Menschen mitwirken.

Pavel Kosorin

(*1964)

Tschechischer Schriftsteller und Aphoristiker

Wer mit den Menschen auskommen will,
darf nicht zu genau hinsehen.

Otto Flake

(1880 – 1963)

Deutscher Schriftsteller

Der Produktionsfaktor KOLLEGIN

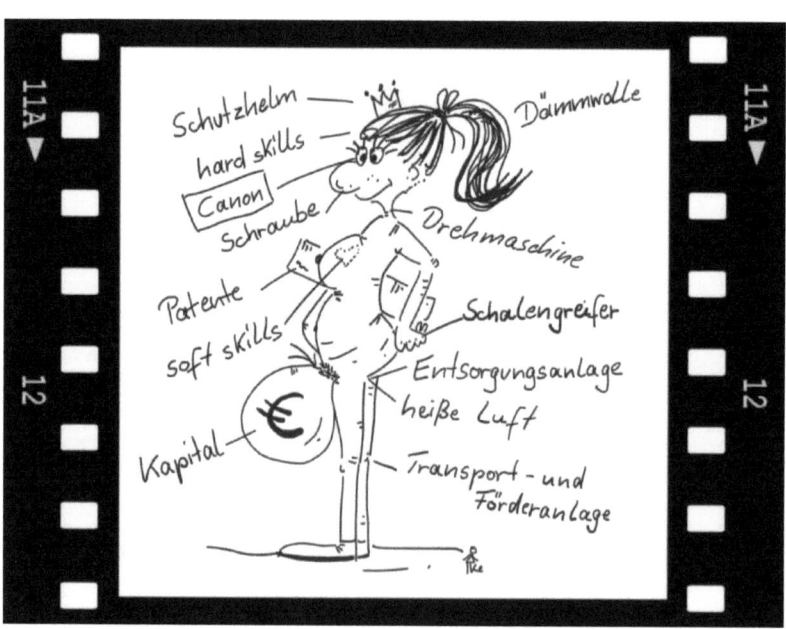

In jeder Kollegin steckt eine Königin.
Sprich mit der Königin,
und sie wird herauskommen.

Frei nach einer deutschen Redensart

Wir feiern dich, denn

☐ ohne dich wären wir verloren

☐ du bist dein Geld wert

☐ dein Körperduft steigert das Wohlbefinden

☐ ohne dich ist es nicht möglich, in finanzielle Gewinnzonen zu kommen

☐ du koordinierst wie eine Maschine

☐ ....

☐ du bist eine Kollegin mit Potenzial

Wer nicht Meisterin sein will, muss eben Gesellin bleiben und Vorgesetzte haben sein Leben lang.

Frei nach Gottfried Keller

(1819 – 1890)

Schweizer Dichter und Romanautor

Solange mein Chef so tut, als würde er mich richtig bezahlen, solange tue ich so, als würde ich richtig arbeiten!

Unbekannt

Und wir feiern dich, denn

☐ du bist eine ehrliche Feedbackgeberin

☐ ....

☐ du achtest auf unsere Work-Life-Balance

☐ du kennst unsere Arbeitszeit auswendig

☐ du verbringst mit uns wertvolle
Lebenszeit

☐ du machst brauchbare
Arbeitskräfte aus uns

☐ du überraschst uns mit Dingen, die wir
nicht ahnen können

Die Büro-Kollegin

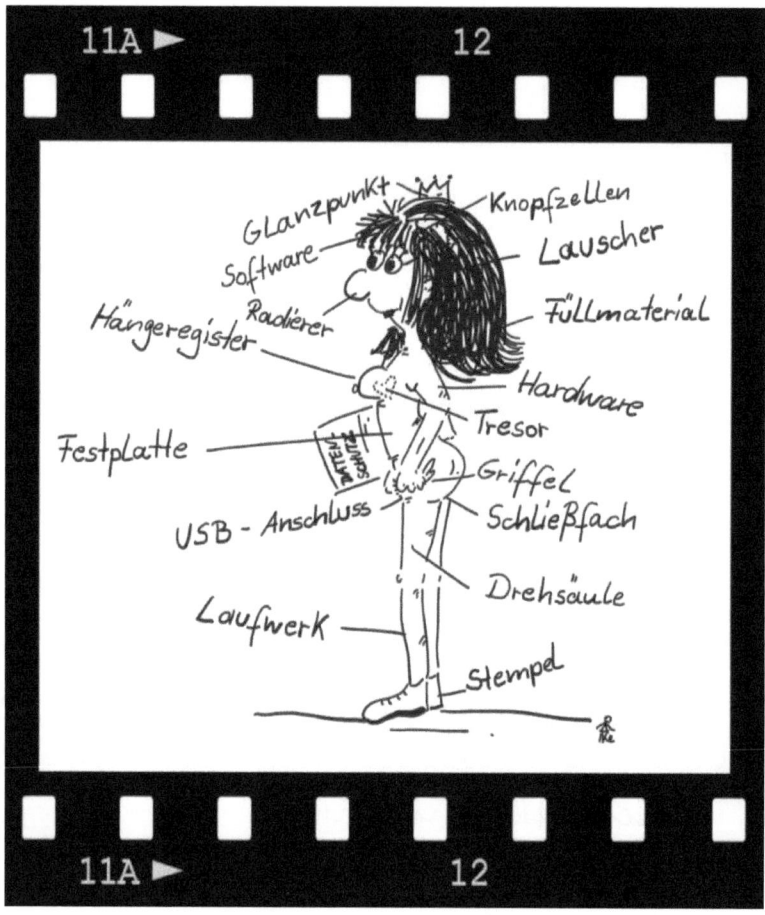

Außerdem

- ☐ hast du einen heißen Draht zur Geschäftsleitung
- ☐ hast du immer eine geniale Idee

- ☐ ....

Gemeinsamkeiten
sucht man nicht,
Gemeinsamkeiten
schafft man sich.

Manfred Hinrich
(1926 – 2015)
Deutscher Buchautor und Journalist

Wir feiern dich dafür, dass

☐ wir jede Menge Zeit miteinander
verbringen dürfen

☐ wir uns extrem gut kennenlernen dürfen

☐ ....

☐ wir für einander da sein können, wenn es
am nötigsten ist

☐ wir bei guter Bezahlung zusammen
rumhängen können

Und auch dafür, dass

☐ wir immer etwas zu bereden haben

☐ wir uns gegenseitig helfen können

☐ ....

☐ du jeden Arbeitstag durch deine
  Anwesenheit veredelst

☐ du uns zum Lachen bringst

Und wir feiern dich natürlich dafür, dass

- ☐ wir zusammen die Begeisterung für unseren Job teilen
- ☐ wir dich jederzeit außerhalb der Arbeitszeit anrufen können
- ☐ du sagst, was du denkst, auch wenn wir es nicht hören wollen
- ☐ du uns so akzeptierst, wie wir sind

- ☐ ....

- ☐ du oft selbstgebackenen Kuchen mitbringst

- ☐ **es dich gibt**

Humor ist der Knopf,
der verhindert,
dass uns der Kragen platzt.

Joachim Ringelnatz
(1883 – 1934)
Deutscher Schriftsteller, Kabarettist und Maler

Zusammenkommen ist ein Beginn,
zusammenbleiben ist ein Fortschritt,
zusammenarbeiten ist ein Erfolg.

Henry Ford

(1863 – 1947)

Amerikanischer Industrieller und Geschäftsmagnat ,
Gründer der Ford Motor Company

Jeder Mensch ist ein Clown,

aber nur wenige haben den Mut,

es zu zeigen.

Charlie Rivel

(1896 – 1983)

Spanischer Clown

Wir feiern DICH, unsere Kollegin!

Ort und Datum: ....

Weitere Geschenkbücher von

- Kollegin, ich feiere dich

- Kollegin, wir feiern dich zum Abschied

- Kollege, ich feiere dich

- Kollege, wir feiern dich

- Kollege, wir feiern dich zum Abschied